ESCRIBIENDO UN VERSO

MANUEL DARIO

ESCRIBIENDO UN VERSO

(LIBRO DE POEMAS)

ISBN: 978-0-9895986-1-3

Printed in the United States of America
Impreso en los Estados Unidos de América.

Foto de portada: Carmen E. Delgado
Portada: Laura C. Vivoni

Contacte al autor por email:
manueldariony@yahoo.com

INDICE Página

A mi hijo: Angel Manuel

Tener un hijo es vivir; verlo crecer,
es aprender a vivir de nuevo.

Hijo: Eres el mejor regalo que me ha dado la vida,
después de la vida. Por siempre le daré
gracias a Dios por ti, pues no pudo haberme
dado mejor premio que la dicha y la suerte
de tenerte. Te amo tal y como eres.

EPIGRAFE:

Tomando por principio la atención y el respeto hacia ti que en este momento me dedicas tu tiempo, para leer lo que escribo; quiero comenzar por decirte, que me une a éste ejemplar una pasión personal y profunda.

En éste libro encontrarás poemas y pensamientos, cargados de amor y de ilusión, de tristeza y de alegría, dedicados al amor, a la naturaleza, a la mujer y a la vida. Mi inspiración, me viene a diario, cuando solo con saber que estoy vivo, me basta un lápiz y un trozo de papel para escribir.

Este humilde soñador, solo le pide a Dios, que al momento de tú leer sus poemas, dediques un pensamiento a la felicidad, a la dicha y a la suerte de ser feliz. En este momento, estamos unidos tú y yo; al tú leer lo que escribo. Y ahora que en tus delicadas manos tienes el fruto de mi inspiración, disfruta de estos versos, de la misma forma que lo hago yo.

Al escribir estos versos, me inspiró el vivir de cada día, con historias, con vivencias, con experiencias y con tantas otras cosas aprendidas. Esta es una gama de poemas, escogidos por mí para tu deleite y para compartir contigo algunos de mis pensamientos. Es escribiendo un verso, como se comienza a escribir un poema y es así también, como yo puedo decir que hoy escribo estos poemas, que espero sean completamente de tu agrado y para tu entretenimiento.

Te agradezco eternamente el momento dedicado a mí en la lectura de este ejemplar y en estos versos. En cada uno de ellos, hay un poco de mí y en cada pensamiento, hay un poco para ti. Cada uno de estos poemas, lleva un mensaje inspirado en algún momento de mi vida, que quiero compartir contigo amigo lector; para que a partir de hoy, sean también tuyos. Escribiendo un verso, muchas veces comencé a vivir, a pensar, a amar y a sonreír y hoy así, escribiendo un verso, me uno a ti.

El autor

UN SUSPIRO

Mi vida es un suspiro,
que pierdo, si te pierdo;

porque no sé vivir
si no es contigo,
porque mi ser sin ti
se siente muerto,
porque no sé vivir
sin tu cariño,
porque si tú no estás,
me falta el cielo:

Es mi vida un suspiro,
que pierdo, si te pierdo.

LUZ DE AMOR

Luz brillante de sol
de medio dia;
fuego ardiente
que quema mis ensueños,
olor de amor
y cruel melancolía,
que me hacen quererte
así, como te quiero.

Dolor irresistible
de amarte y no tenerte,
pasión inaguantable
por no poderte hallar;
amor de un imposible,
pero amor para siempre
y pasión invencible
que yo te quiero dar.

Luz brillante de sol
de medio día;
fuego ardiente
que quema mis ensueños;
luz radiante de amor
y de armonía
y alegría de quererte,
así como te quiero.

AMAR ES ALEGRIA

Lo mismo que es amor,
también es alegría
haciendo o sin hacer
comparaciones.
No hay amor sincero
si el alma está vacía,
como no puede haber
seres sin corazones.

Si hay amor sincero
también hay alegría
y júbilo constante
para aquellos que aman;
porque saber amar,
es sentir armonía
y es saber entregarse
hasta a cambio de nada.

Como se da una madre
con todo el corazón,
que olvida su dolor
por una nueva vida;
amar, sabe hasta el aire
que trae una ilusión
diciendo con ardor
que amar es alegría.

AMARTE Y AMARTE

No encuentro explicación
a esto que siento,
porque vives en mí
a cada instante;
pues en mi corazón
te llevo dentro
y hoy te quiero aquí,
para abrazarte.

Quiero hacerte el amor
todo los días,
a todas horas
y en todos los instantes;
quiero entregarte hoy
la vida mía
y en adorables olas
amarte y amarte.

No me puedo explicar
lo que me pasa,
porque quiero mirarte
todo el tiempo;
pues no puedo olvidar
tu linda cara
y tan solo en amarte,
es que yo pienso.

AMOR PROHIBIDO

Tú eres amor prohibido
y aunque sé que no debo,
yo seguiré contigo
porque te quiero.
Tú eres ilusión
de amor soñado
y eres también pasión
y amor robado.

Tú eres el amor
hecho poesía,
que llena de emoción
la vida mía;
eres tambien peligro
y al quererte,
yo cambio mi destino
arriesgando mi suerte.

Te seguiré queriendo
aunque sea pecado,
porque sigo sintiendo
que estoy enamorado
y seguiré luchando
por tenerte,
aunque siga arriesgando
mi destino y mi suerte.

CANTÓ UN GALLO

Escuché cantar un gallo,
cuando yo me levantaba
y su cantada llegó
hasta al centro de mi alma;
pues soñando estaba yo,
cuando oí cantar el gallo,
soñando con la noticia
que él estaba anunciando.

Ya llegaba un nuevo día
y la vida comenzaba,
la vida del nuevo dia
en que yo me levantaba.

Me vestí para salir
y me disponía a hacerlo,
cuando yo me sorprendí
porque alguien llegó corriendo.

A mi llegó un mensajero
con una noticia alegre,
me quedé como en el cielo
y no sabía, si creerle.

Cuando pude preguntarle
que porqué había venido,
dijo que vino a avisarme
que mi hijo había nacido.

COMPARTIMOS

Ella me dijo:

El compartir contigo
me da vida,
me da satisfacción
y también alegría;
tú me haces sentir
que soy querida,
al compartir conmigo
cada día.

Tú, sonríes para mi
yo, sonrío para ti,
y yo sé que te gusta
compartir conmigo
y a mí me encanta
compartir contigo.

Compartimos los dos
cada mañana,
momentos de alegrías
y muchas cosas buenas;
por eso es que hoy yo
no quiero nada,
si no es tú compañía,
un verso, o un poema.

CUANDO LA VIDA ES TRISTE

Cuando la vida es triste
es más grande el silencio,
son más largos los días
y es más calmado el viento.

Cuando la vida es triste
todo parece muerto,
nada parece firme,
nada parece cierto.
Todo se ve callado,
todo parece ruinas
y todo está desolado,
cuando es triste la vida.

El alma está en silencio
y el corazón no late.
Se aleja el pensamiento
y se aflige la carne;
los días se ven dormidos
y las calles muy vacías.
Todo se ve tranquilo,
cuando es triste la vida.

La mirada perdida,
perdido el pensamiento,
cuando es triste la vida,
todo está desierto;
todo está apagado
como si nada existe
y el cuerpo está cansado,
cuando la vida es triste.

EL CAMINO DE LA VIDA

En el camino a seguir
para vivir ésta vida,
hay quienes quisieran ir
tras una ilusión perdida;
hay otros que por buscar,
se equivocan de camino
y a veces hasta sin querer
van dañando su destino.

La vida sigue pasando
y nos hacemos más viejos
y siempre estamos empezando
por algún camino nuevo;
pues para seguir aquí,
es necesario estar vivo,
en todo lo que pensamos
y en todo lo que vivimos.

En el camino a seguir,
para vivir esta vida
debemos de ser feliz
y buscar nuestra alegría;
debemos siempre buscar
alegrar nuestro destino,
para poder encontrar
el mejor de los caminos.

EL TIEMPO YA PASÓ

Cuando creí que más te amaba,
fue la noche que en mis brazos te tuve
y cuando quise amarte más,
te fuiste con el viento, como se va una nube.
Y me quedé esperando tu regreso,
detenido en el tiempo vivía yo;
queriendo darte mi vida en un beso,
pero el tiempo de hacerlo ya pasó.

Ya pasaron en ti bastantes días,
y pasaron en mi bastantes años;
tantos que ya no sé si fuiste mía
o si yo te di un beso o un abrazo.
Y pasarán así muchos más días,
en los que al recordar esos momentos;
recordarás también que te quería
y que mi amor por ti de aquellos días,
hoy es solo el recuerdo, de otros tiempos.

ELLA

Ella;
ella fue la ilusión,
que un día yo tuve
y a quien le dedicara
tantos y tantos versos;
vivió en mi corazón
como solo yo supe,
¡cuanto yo la adoraba!
aún sin ella saberlo

Se convirtió en la reina
de mis noches pasadas
y estando yo muy lejos,
la llevaba en mi mente;
y sus miradas tiernas,
que siempre recordaba,
con el pasar del tiempo
se hicieron transparentes.

Ella fue más que algo pasajero;
pues ella fue poesía
en mis mañanas tristes,
alejado de todos.
Ella es ese fruto verdadero
que solo se halla un día,
que solamente existe
para el que halla un tesoro.

Ella es un poema
convertido en canción,
para inspirar un día
a los enamorados
y es como un dilema,
cual la palabra amor,
que nunca existiría
sin el abecedario.

Ella es perfección,
es amor, y es dulzura;
y también es pasión,
calmada, tierna y pura.
Así como es ella,
existe solo ella;
con esa sencillez,
tan tierna, tan pura
y tan bella.

AUN VIVES EN Mi

Me quedé sin querer
aguardando un recuerdo,
en una bella tarde
mientras tomaba el sol
y el amor que dejé,
porque lo creí muerto
aún me arde en la sangre
quemando el corazón.

Vives en mis recuerdos
cual la sombra de un árbol,
que vive junto al tronco
al pasar de los años;
pero eres invisible
lo mismo que un letargo,
que se siente muy hondo,
sin poder ser tocado.

ME ENAMORÉ DE TI

Me enamoré de tus labios,
el día que te miré.
Luego de tus movimientos,
cuando contigo bailé;

Me enamoré de tus ojos,
la noche que me miraron;
pues me gusta de ti todo,
especialmente tus labios.

Me enamoré de tu andar
y también de tu sonrisa,
de tu forma de abrazar
y del modo en que me miras.

Me enamoré de tu cuerpo
y de tus hermosas piernas
y hoy quiero llenar de besos
a tu piel color canela.

ENSÉÑAME

Enséñame amor que yo no sé;
a decir nosotros en vez de yo,
a sentirme en pareja alguna vez
y a decir que somos, en vez de soy.
A contar las estrellas en parejas
a pensar en tu amor cada mañana
y a mirar de éste mundo las bellezas
a veces hasta a través de tus miradas.

A no decir seré, sino seremos,
a sentirme por ti acompañado,
a no decir haré, sino haremos
y a no decir que voy, sino que vamos.
A ver que no estoy solo como dices,
a saber que es mejor si somos dos
y a creer que podemos ser felices,
si siempre nos confiamos del amor.

Enséñame amor a comprenderte,
a decir cosas lindas como tú,
a entender mejor a toda la gente
y a conocer el día por su luz.

A comprender a la gente que sonríe,
a comprender también a los que lloran;
enséñame a que en ti siempre confíe
y a perdonar igual que otros perdonan .

A ser como tú quieres que yo sea,
a perdonar a todos por igual;
a descubrir en ti las cosas buenas
y a pedir perdón, si yo estoy mal.
A ver en cada cara una sonrisa,
a vivir ésta vida con más fe
y a sentir el fresco de la brisa,
enséñame mi amor, que yo no sé.

ERES MI ORGULLO

Si te quieres marchar,
yo no pienso detenerte
aunque poderte amar
me aleje de la muerte.
Si te quieres marchar,
te deseo lo mejor
aunque si tú no estás
me muera de dolor.

Si decides quedarte,
no voy a preguntarte nada;
pues si tú estás aquí,
se revive mi alma.

Viviré para ti,
porque te quiero mucho,
porque siendo de ti
viviré con orgullo;
y por siempre seré
el que más te ha querido,
tú siendo mi mujer
y yo, siendo tu marido.

ESTAS DENTRO DE MÍ

Quizás no sea yo,
el que más te esté queriendo;
pues aunque siempre te pienso,
no te tengo.

Tal vez no soy yo,
el que más te siente;
porque aunque te quiero
no puedo tenerte.

Pero debes saber,
que te llevo en el alma;
en cada atardecer
y en cada mañana.

Te siento tan dentro de mi pecho,
que creo que tú estás en mi sangre
y para siempre quedarte,
siento que estás dentro de mis huesos

ESA ES MI MAMÁ

Esa muchacha alegre y divertida;
esa, que aunque hace ya mucho,
también un día fue niña.
Compañera y amiga,
siempre de buenos gustos
y de tierna sonrisa;
sabe alegrar mi vida,
sabe alegrar mi mundo
y es mi mejor amiga.

Es tan enormemente inigualable,
que con nada yo puedo compararle;
pues como su amor no hay,
ni habrá nunca para nadie.

Esa, que un día fuera niña
y que ahora es abuela;
es dueña de muchas alegrías,
y también a veces, de mucha tristeza,
también es la que da,
sin esperar nada a cambio;
pues ella es mi mamá:
a la que yo tanto debo,
y a la que tanto yo amo.

ESCRIBIENDO UN VERSO

En una tarde triste
escribía yo un verso,
acerca de mí mismo
y acerca del silencio.
Y mientras que mi mente
lejos se transportaba,
caminaba la gente
y yo no lo notaba.

El cielo estaba oscuro
aunque era de día
y como cosa simple
o natural del mundo,
que venía la lluvia
muy bien se presentía.

Y así pasaba el tiempo.

Mientras mis pensamientos
se transportaban lejos,
como un ave que vuela
sola por las alturas;
yo no sé si fue el viento
o si fue mi silencio,
pero como en un cuento
que se habla de ternura
algo vino a traerme
una palabra tuya.

Y desde ese momento
todos mis pensamientos
se forjaron en ti,
y yo seguí escribiendo
acerca del silencio
y escribiendo estos versos
me sentía feliz.

ESTOY VACÍO

Vacía está mi alma
y aún no se resigna,
a no tener tus besos,
tus abrazos y tus caricias.
Vacío está también mi corazón,
pues aunque te quiero bien
no consigo tener
la gracia de tu amor.

Desolado está hoy mi cuerpo,
porque sabe que te amo
y aunque salgo a buscarte,
no puedo encontrarte.
Y así también vacío
se encuentra hoy mi ser;
pues solo para ti vivo
y no tengo tu querer.

FLOR DORMIDA

Para: Todas las madres que ya
se han marchado, en nombre
de sus hijos.

Un día sin yo esperarlo,
se alejó de mi lado,
la más hermosa flor
que en mi vida yo vi
y aunque ha pasado el tiempo,
yo nunca la he olvidado,
porque siempre su aroma
vive dentro de mí.

Ella es la flor dormida,
que vive en mis recuerdos,
en cada madrugada
y en cada atardecer;
fue quien me dio la vida,
llevándome en su cuerpo
y quien dejó en mi sangre,
la huella de su ser.

Es una flor dormida,
que nunca ha de morir:
es mi madre querida,
que siempre vive en mí.

GOTITAS DE LLUVIA

Como trocitos de cristal,
caen desde lo alto
y poco a poco van mojando la tierra
y todo lo que está en el suelo.
Luego se reúnen en esos lugares,
que quedan más abajo;
en los ríos y en los mares,
en los tanques y en los charcos.

Y de tantos cristalitos juntos,
se forman también los ríos
y los océanos más profundos.
Son gotitas de lluvias,
que al juntarse muchas,
hay cierto lugares,
que a veces se inundan.

Como trocitos de cristal
que caen desde lo alto,
van mojando la tierra,
mientras vienen llegando;
son gotitas de agua,
que desde arriba caen:
Son gotitas de lluvia,
que vienen a mojarme.

HABLANDO DE MÍ

Hablándote de mí,
yo quiero hablarte de amor;
quiero hablarte de la lluvia,
del frío y del calor.

Yo soy un ser solitario
que sin ti vive,
que por ti sufre
y quien contigo sueña.

Cuando siento mucho frío,
quiero tenerte conmigo,
para sentir tu calor
y abrigarme con tu amor.

Y cuando cae la lluvia,
en cada gota veo tu cara
y los relámpagos son;
reflejos de tus miradas.

Más, cuando cae la tarde,
que empieza a ocultarse el sol,
siento ganas de abrazarte
y tibiarme con tu amor.

LUZ DE ESTRELLA

Estrellita nocturna
de mi encanto tú eres;
lucero mañanero
y flor de amanecer.
Luna de media noche
y sol de atardeceres,
e implacable sendero,
que conduce al placer.

Maravilla infalible,
cual flor de primavera,
embriagadora y dulce,
cual perfume de amor;
sabor que nunca acaba,
como tiernas quimeras,
que se meten adentro,
de mi fiel corazón.

Tú eres el resplandor
de la estrella que alumbra
la ruta de mi ser,
que sin ti se derrumba

HE SOÑADO CONTIGO

He sentido tu calor
bajo las sábanas de mi cama
y he sentido también
tu cabeza sobre mi almohada;
y al despertar,
siento que tu perfume
está en toda mi habitación.

Comprendo entonces,
que he soñado contigo.

Me siento en la cama,
para pensar en ti.

Comprendo que he soñado contigo
y aunque no estás aquí,
yo siento tú calor;
porque soñar contigo,
es sin duda amor mío,
soñar con el amor.

TU AMOR Y MI AMOR

Tu amor y mi amor
se han encontrado
y tu sonrisa ya es mía
tú eres lo que he soñado
de noche y también de día.

yo a ti te quiero tanto
que querer no puedo más,
y es tu amor un milagro,
también una realidad.

yo solo sé que te quiero
y tu amor hoy es mi guía,
porque tú eres mi cielo,
mis noches y también mis dias.

Yo te quiero como nadie
en este mundo ha querido,
y te quiero como al aire
que a mí me mantiene vivo;
y te amo en el silencio,
también te adoro a mil voces:
te amo y yo lo siento
igual de dia y de noche.

Tu amor y mi amor
son el uno para el otro,
pues hoy se buscan los dos
con un ferviente deseo;
tu amor es como es el sol
que le da luz a mis ojos
y así lo siento yo,
pues sin tu amor yo no veo.

Los días se ven muy triste
cuando no se mira el sol,
y en el mundo nada existe
sin tu amor y sin mi amor.

LA FLOR SE MARCHITÓ

Se marchitó la flor de mi alegría,
porque se fue mi amor
hacia otros rumbos;
pues se fue la mujer que yo quería,
dejando en mi triste corazón,
la huella de un dolor profundo.

Se apagó ya ese sol que me alumbraba,
cuando mi mundo gris
quería tornarse en negro;
sin saber que al marcharse se llevaba
mi sed de ser feliz
y mis bellos recuerdos.

Se marchitó esa flor que era mi vida,
como se marcha el sol todas las tardes;
y se apagó la luz de mi alegría
porque ella se marchó sin avisarme.

LOS PAJARITOS

Cantando viven hoy, los pajaritos,
como si llamando a alguien,
o como si haciendo un rito.

Cantando por cantar, siempre están ellos,
unas veces de alegría y otras veces de miedo;
cantando por cantar, siempre están ellos.

Cantan cuando tienen hambre,
también cuando sienten frío
y al oírlos cantar, yo me sonrío.

Cantando siempre están, los pajaritos;
a veces, solo por cantar
y otras tantas veces,
cantan solamente para hacer ruidos.

LUNA BELLA

Bajo el espejo azul
de un cielo de verano,
me ilumina tu luz
en esta madrugada muy temprano;
brillando allá en lo alto.
como solo tu puedes,
iluminas las noches,
ahuyentas los temores
y aumentas los placeres.

Eres la reina de las noches,
la que todos admiramos.
Tú eres la que brillas siempre
allá en lo alto.
Eres la tierna luna
de media noche,
la que alejas amarguras
y la que creas amores.

Bajo el espejo azul
de un cielo claro de verano:
me ilumina tu luz;
mientras en la dueña de mi amor,
yo estoy pensando.
Estoy pensando en ella,
mientras me miras tú,
mi luna bella, mi luna bella.

¡QUÉ BELLA!

Cuando la miré, yo me quedé perplejo,
mis ojos, se quedaron fijado
en sus ojos color de esmeralda,
brillando como espejos,
en una tarde soleada.
Yo me acerqué un poco más.
Llegué hasta ella,
posé suavemente mis frías
y temblorosas manos en sus hombros;
sin decir una palabra
la pared, estaba justo a sus espaldas.
Con mis manos sobre sus hombros,
la empujé tiernamente hacia la pared
y acercando mi cara a la suya
roce lentamente sus labios con los míos.

Me miró más sorprendida que antes
y cerrando sus ojos, suspiro suavemente.
Arqueó sus tiernos y muy femeninos brazos
como haciendo, con ellos un circulo,
con mi cuerpo encerrado entre ellos.
Nos abrazamos fuertemente.
Nos besamos con fervor y con deseo de nunca terminar.
Por un momento, retiré mi cabeza para mirarla de nuevo
y al querer hablarle no me salieron las palabras,
y solo dije; Que bella, que bella, que bella !

Ya no era la niña de otros tiempos,
quien jugaba con muñecas
mientras yo, contemplaba el viento
jugar dulcemente con su pelo;
hoy es una mujer cálida y bella,
con labios de miel azucarada, a la cual su pelo y su piel
hacen perfecta; con su hermosos ojos, color de esmeralda.

Dieciocho o veinte años de edad; cinco o seis años sin
verla.

Tanto la quise, en mi niñez, que ni yo mismo podía creerlo.
! Como la quise, y cómo la quiero!
Y ahora, que después de tanto tiempo vuelvo a verla;
comprendo que me quiere también ella.

La quise desde siempre y nunca se lo dije, para no ofend-
erla.
La quise porque era bella, como la luz de una estrella.

Ella también me quiso, y me quiere, pero no me lo dijo;
porque eso no es de mujeres.

No dijimos palabras, no dijimos nada;
y con solo mirarnos, se hablaron nuestra miradas.
Hoy, somos felices los dos, porque el amor que estuvo
dormido
con ella y conmigo, por fin se despertó.

Ahora, me alegro de quererla, de verla y de tenerla
y también de decirle: ! Que bella, que bella, que bella!

34

LUCIA

Amaba yo tanto a Lucía,
que viviendo en mi mente
siempre la tenía.

La llevaba en mi sangre
y como una obsesión,
la llevaba dentro de mi corazón.

La sentía cada día al despertar;
pues amaba yo tanto a Lucía,
que no la podía olvidar.

Ella se metió en mi alma
y nunca volvió a salir,
por eso cada mañana
yo siento que vive en mí;
pues aunque debo olvidarla
para yo poder vivir,
solo quiero recordarla
porque así soy feliz.

Yo amaba tanto a Lucía,
que en mi mente se quedó
y vivir ya no podría,
si olvidara, yo su amor.

MATASTE MI SOLEDAD

Mi soledad se fue
cuando tú llegaste.
Tú alegraste la brisa,
con tu bella sonrisa
y con tu sencillez,
alegraste mis tardes.

Mi soledad se escondió
con tu llegada.

Tú distes vida a mis días
con tu presencia
y con tu tierno amor,
llenaste mis madrugadas.

Mi soledad se fue,
cuando yo te conocí.

Tú cambiaste mis noches
con tu ternura
y le distes a mi vida ,
un motivo para vivir.

Mi soledad se alejó,
para siempre por ti.

A SOLAS YO TE SIENTO

A solas yo en mi hogar, hoy te recuerdo
y sin querer pensar siempre te pienso;
porque vives en mí todos los días,
porque yo soy de ti y tú eres mía.

En mi cama te extraño, siempre siempre
y a solas yo te amo, siempre siempre;
pues solo para tí es que yo vivo
y me siento feliz, si estoy contigo.

A solas yo te siento aquí en mi cama,
cuando yo me despierto en la mañana;
porque eres sin querer, a quien yo quiero,
porque eres la mujer, de mi desvelos.

MEMORIAS PERFUMADAS

Perfumes de azucenas
tiernos y suaves.
Fragancias mañaneras
suaves y frescas.
Esencias primorosas,
que perfuman el aire
y sonrisas sinceras,
agradables y tiernas.

Amores del pasado
y amores del presente,
que van dejando huellas
que se hacen imborrables,
recuerdos perfumados,
que trastornan la mente:
memorias que son bellas
y también agradables.

Perfumes de azucenas,
con fragancias de amor;
con la ternura fresca
de una bella flor.
Esencias y memorias
de amores que se fueron;
sonrisas agradables
y bonitos recuerdos.

MI CORAZÓN DESTROZADO

Se fueron las promesas
de épocas pasadas,
y aunque yo no lo quise
así tuvo que ser;
y hoy digo con tristeza
y dolor en el alma,
que a este que hoy escribe
lo engañó una mujer.

Le entregué por entero
mi corazón cansado,
de rodar por el mundo
sin encontrar amor;
y ahora como un juego
me lo ha destrozado,
dejándolo desnudo,
tendido frente al sol.

Creí tenerlo todo
y veo que he fallado
y por dar alegrías,
yo recibí dolor.
Hoy se ha quedado todo
lo que yo había soñado,
con promesas vacías
sobre mi corazón.

MI ESTRELLA

A mi madre

A la más bonita estrella,
mis versos yo le dedico
y hoy declaro que por ella
es que yo siempre me inspiro;
pues es la más bella flor
de los jardines del mundo
y su pureza y su amor,
son más puros que ningunos.

Es la estrella más preciosa
y la de más fuerte luz.
Es la rosa más hermosa
y es amor a plenitud;
es cariño y es dulzura
y es el sol de cada día,
es una luz tierna y pura
que alumbra la vida mía.

Es sonrisa que perdura
y es belleza que no acaba,
es flor de tanta blancura
cual ropa que no se mancha.
Ella es la rosa más bella
la más bonita y más grande,
por eso le escribo a ella;
a mi estrella, que es mi madre.

MI QUISQUEYA

La tierra que tanto quiero,
la patria que tanto añoro;
por la que yo vivo y muero,
es el más bello tesoro.

Es la cuna de mi vida,
es la ilusión más perfecta,
es la dueña de tiernas brisas
y de eternas primaveras.

La patria de tantos sueños,
la de tantas inquietudes,
de la que hoy estoy lejos;
es patria de mil virtudes:

Es poesía y es arte,
es para mí la más bella,
por sus brisas y sus mares,
esa tierra, es mi Quisqueya.

NACIDO POBRE

Mejor es sonreír
que vivir perdido
en una eterna agonía
que nunca termina.
Amar a los demás,
también es bueno,
pero es mucho mejor
amar hasta el dolor
de ésta triste vida;
sin tener esperanzas,
sin tener alegrías,
y sin sentir amor
por lo bueno o por lo malo
o por la vida misma.

Que triste es vivir
sin jardines y sin flores
y en constante miedo
a la amarga miseria,
por no tener dinero,
por el solo delito
de ser pobre.

Si, por el triste delito
de haber nacido pobre.

Soy pobre, sin dinero,
y también muchas veces
soy un desdichado;
pero aunque sea pobre
soy un hombre sincero,
y aunque lo pida el mundo
no me callo,

porque voy a decir
lo que yo siento,
aunque yo sea pobre,
y desdichado.

EL CABALLO

A la vida

Por las praderas
del río,
camina lento el caballo,

porque ya mucho ha vivido,
porque está viejo
y muy cansado.

Camina muy lentamente
como contando los pasos;

Como camina la vida,
como caminan los años.

NO SÉ

Para que amar así
yo me pregunto,
para que amar así,
como he amado yo;
para que ser feliz,
por algunos minutos
y luego destruir,
a quien tanto se amó.

Hasta ayer fui feliz
y estuve muy contento,
pero hoy no comprendo,
para que ya vivir;
para que ya seguir
siendo sincero,
para que si hoy no quiero
ni si quiera vivir.

No sé si aún me queda,
valor en mi existencia
para seguir viviendo,
no sé si aún existe
en mi alma clemencia;
o si me quedan fuerzas,
para seguir aquí:

viviendo en esta tierra,
sin deseos de vivir.

NOCHES ETERNAS

Cuando el tiempo
y el pasar de la vida
no entienden el dolor
ni la melancolía;
se pasan los minutos
y poco a poco las horas,
como se van las olas
en una mar bravía.
Porque la vida misma
no comprende las cosas
de las noches oscuras
que no conocen días,
porque ya la sonrisa
no la inspira una rosa
y porque no hay ternuras
en memorias vacías.

Porque las noches,
no son noches cualquieras
con frías madrugadas
y con sus mañanas frescas.
Yo hablo de unas noches
que son todas tinieblas,
dolor eterno en almas
que con nada se alegran.
Son las eternas noches
sin días y sin lunas;
son las noches de un hombre
sin fe y sin fortuna.

NUESTRA INTIMIDAD

En plena intimidad
aquí en mi cuarto,
admiro tu sonrisa
mientras beso tus ojos
y el amor que me das
es tan deseado,
como es bella la brisa
en el tiempo de otoño.

En noches de ternuras,
yo te siento
y en momentos de amor,
tú estás conmigo;
y por eso es
que hoy yo pienso,
que el futuro es mejor
si estoy contigo.

En nuestra intimidad
hay tantas cosas,
que solo conocemos
tú y yo,
por eso hoy la vida
es más hermosa;
porque los dos sabemos,
que nuestro amor llegó.

NUESTROS MOMENTOS

Aprendí de la vida
muchas cosas bonitas
y otras que tal vez
no eran tan lindas;
aprendí a sonreír,
al escuchar un cuento
y aprendí a ser de ti
en ciertos momentos.

Compartí con amigos
momentos de alegría
y también con amigos,
compartí la tristeza;
pero solo contigo,
yo sentí la armonía
conociendo el cariño
y tu tierna belleza.

He soñado despierto
y he pensado dormido
y he tocado hasta el cielo,
estando contigo:
y a veces estoy sonriendo
cuando en ti yo pienso,
recordando lo más bello,
de nuestros momentos.

PENSANDO

Sentado en el parque
mirando un farol;
pensando en mi vida
y pensando en su amor.
Pensando en la suerte
de volver a verla,
pensando en quererle;
pensando en tenerla.

Sentado en el parque
mirando una luz,
clara como el alba
bajo un cielo azul.

Pensando en la vida
y pensando en ella,
pensando en el día
en que pueda verla.
Sentado en el parque
mirando un farol
y deseando entregarle
a ella mi amor.

PERDIENDO SU NIÑEZ

Quería ver de frente
la muralla;
quería conocer
bien a conciencia
y cubrió su niñez
con una toalla
porque al mirarla bien
sintió vergüenza,

Y como no era ya
aquella niña,
que sentía timidez
estando a solas;
se dejó así embriagar
por las tiernas caricias,
perdiendo su niñez
en tan solo unas horas.

POR QUERERTE

Por quererte tanto
me alejé de ti;
para no tener que mentir,
decidiendo que no te extraño.

Nunca me veras acompañado;
pues me moriría de espanto
si un día sin yo esperarlo,
tú me ves en otros brazos.

Yo te amo y te amaré
aunque no estés a mi lado
y sé que soy el más fiel
de todos tu enamorados.

PRIMAVERA GRIS

Todas las plantas están,
verdes y floreciendo.

Todo se ve alegre por doquier.

Más, yo estoy solitario,
triste y callado;
porque hoy
no tengo tu querer.

Ahora es primavera,
todo tiene color;
y es primavera gris
para mi corazón:

Todo está bonito
allá en el campo.
todo está bonito
por donde quiera,

pero en mi corazón,
sin ti, no hay primavera.

PRIMER MES

Para: Lidiana

Hoy cumplió su primer mes
de haber llegado a éste mundo,
a quien Irene, yo sé
le tiene un amor profundo.

Ella se llama Lidiana
y es una recién nacida
y para su madre no hay nada,
más hermoso en esta vida.
Poco a poquito será
que irás creciendo niña
y con tu tierna mamá,
compartirás alegrías.

Y compartirás también
tus momentos especiales,
con la persona más fiel;
la que eligió ser tu madre.

Hoy cumples tan solo un mes,
de haber llegado a éste mundo,
que Dios te colme de bien
y que cumplas muchos, muchos.

QUÉ BONITO

Que bonito es la vida
cuando alguien te quiere,
cuando alguien te comprende;
y que bonito es sonreír
cuando te sientes querido
y por todo bien recibido

Qué bonito es sentir
que alguien te quiere mucho
y que te tiene confianza;
pues no se puede reír
si no existe amor alguno
en tus recuerdos de infancia.

Que bello es dar amor
cuando es comprendido,
como amante o como amigo;
y que hermoso es querer
cuando el amor recibido,
viene de una mujer.

Qué bonito, que bonito es.

QUE PENA

Qué pena que te hayas ido.

Yo que quería decirte,
tantas cosas que yo siento.

Qué pena que hoy no te vea;

para hablarte de mi vida,
y quizás contarte un cuento.

Qué pena que te hayas ido.

Que profundo dolor,
éste que hoy siento.

SE LLAMABA ELBA

Elba es el nombre,
de aquella que fuera,
su primer amor.
Ella fue su vida,
fue la cosa más querida
y fue una bella ilusión.

Ella era su vida entera,
y en su más hermosos días,
ella era su primavera.

Sé que se llamaba Elba,
porque un día él me contó,
de aquella mujer tan bella,
que él un día conoció.

Y aquella mujer tan bella
que para él era estrella,
un día lo abandonó.

Ella se llamaba Elba,
y así como en el día
se pierden las estrellas;
ella también un día,
Se marchó.

SE PARÓ EL RELOJ

Ayer paró el reloj
de mi vida sonriente
y hoy no tengo motivos,
que me hagan sonreír;
y aunque tenga yo
hoy dañada mi mente,
sé que tengo a mis hijos
y tengo que seguir.

Se paró mi reloj
aún sin darme cuenta,
que con ese fallido
también me paré yo;
se acabó la ilusión
de un sueño en defensa,
se acabó el colorido
que me diera el amor.

Todo se marchitó
y no tiene sentido
seguir hacia adelante
pensando en el amor;
hoy todo terminó,
como termina un libro
que antes de terminarlo
se muere el escritor.

SIEMPRE PIENSO

Pensando siempre,
pensando en ti
pienso en el día
que te perdí.
Pienso en las noches
que compartimos,
dándonos besos
y mucho abrigo.

Pensando siempre,
pensando en ti,
siempre recuerdo
nuestros momentos,
que viven siempre
dentro de mí
como una bella
historia de un cuento.

Por más que quiero,
yo no te olvido,
siempre recuerdo
nuestros momentos,
que viven siempre
dentro de mí
como una bella
historia de un cuento.

Por más que quiero,
yo no te olvido,
siempre recuerdo
lo que vivimos;
y siempre pienso,
que yo contigo,
viví el amor
y sentí el cariño.

SIN TI...

Tengo los labios trasnochados
y el alma totalmente vacía.

Dentro de mi pecho, se siente la muerte
y el dolor de no verte me calcina.

Tengo muerte en el cuerpo
y muerte, hasta en mi sombra.

Tengo puras tinieblas en mis días.

Tengo oscuridad en mis noches;
aunque la luz de mi vida,
esté siempre encendida.

Siento cerca la pena de no hallarte
y hasta escucho tus pasos
por senderos vacíos;

tengo hoy tanta muerte, yo en mis labios
y dentro de mi pecho, un corazón dormido.

TANTO, TANTO

Tanta belleza natural
y tantas cosas recibidas.
Tanto amor que puedo dar,
para agradecer mi vida.

Tantos dones que yo tengo;
tantas cosas que El me dió.
Tanto amor y tantos sueños,
cuánto le agradezco a Dios.

Tantos amores en mi vida,
tantos ratos sin igual
y tantas cosas recibidas
de este mundo natural.
Tanto amor el de mi madre,
tanto amor el de mi padre;
tanto amor de mis hermanos
y a Dios, no estoy olvidando.

Tanto, tanto he recibido,
que palabra ya no tengo
para dar gracias al divino;
a mi señor Dios del cielo.

Tanta belleza natural
y tantas cosas recibidas,
que siempre me quiso dar
el creador de la vida.

TE AMÉ

Te amé mucho mi amor
y te tuve en mis brazos;
te di mi corazón,
para tú conservarlo,
más te fuiste en la tarde
de aquel bonito día
y al irte te llevaste,
contigo mi alegría.

Te quise tanto,
que olvidé mi pasado;
para entregarme a ti,
para juntos amarnos
y te fuiste dejando
mi pecho destrozado
y el amor que te di,
lo dejaste olvidado.

No miraste hacia atrás
y seguiste de prisa,
buscando comenzar
quizás tu nueva vida
y por no regresar
tú cambiaste la mía,
porque así te llevaste
todita mi alegría.

TE AMO AMOR

Te amo amor,
te quiero vida
y a ti te doy
mi fe perdida.

Te amo yo,
con toda mi alma;
con éste amor,
que nunca acaba.

Te quiero amor,
te quiero mucho;
porque yo soy
del todo tuyo.

Te amo amor,
te quiero vida
y a ti te doy
la vida mía.

TE AMO COMO A NADIE

Para: Mi hijo Angel

No hay nada que se compare
con el amor que por ti siento;
ni la tierra, ni el sol, ni el aire,
ni todos los océanos;
pues, yo sé que no cabe
éste amor debajo del cielo,
porque es más fuerte que el aire
y más grande que el universo.

Aún eres pequeño en edad
y tambien muy pequeño en tamaño;
pero es tan grande saber
que en el mundo tú estás,
como tan lindo es sentir
cuanto te amo.

No hay nada que te quite
de mi mente,
porque vives en mí
todos los días;
mi mayor alegría
es verte siempre,
porque tu vida es,
la vida mía.

EL CANTINERO

Andando de bar en bar,
yo conocí a un cantinero
y al quererme presentar,
pensó que era un limosnero.

Sírvame un trago señor;
le dije con gran respeto,
mientras me sentaba yo
en un butacón de hierro.

Me miró con seriedad
y me dijo caballero,
si aquí usted quieres tomar,
tienes que pagar primero.

TODO DE TI

Sonrío de pensar solo en tu risa,
me alegro de pensar solo en tu cara,
me gusta imaginar que yo estoy cerca
de ti solo un momento en la mañana.
Me siento muy feliz cuando te miro,
aunque tú no me tengas tan presente,
solo de imaginarme tus suspiros,
yo siento que te abrazo, sin tenerte.

En cada día que vivo en ti yo pienso,
en cada amanecer y en cada tarde;
no te puedo borrar del pensamiento,
porque te pienso siempre a cada instante.
Sé que no debo pensar tanto en un ser,
que apenas conocí hace unos días,
pero voy a soñar con tú piel de placer,
para alegrar así, la vida mía.

Solo con pensar en ti se alegra todo,
porque tú eres sonrisa en cada amanecer
y miraría el mundo de otro modo,
si algún día yo tuviera tu querer;
y ahora que por suerte te conozco,
sembraré tu figura aquí en mi corazón,
pues de ti yo quisiera tener todo
aunque pierda la vida y la razón.

TODO PARA TI

Me vestiré de luces
para alumbrar tus noches,
cuando parezcan sombría.
Me vestiré de sombras,
para calmar el calor
de todos tus días
y seré ruiseñor
para cantarte canciones de amor,
entonando las más bellas
de todas las melodías.

También seré jardín
cada mañana,
para que tú me mires cada día,
a través del cristal de tu ventana.

Y así seré también
la alfombra de tu cuarto,
para sentir y cuidar tus pies
tiernos y descalzos.

Yo seré todo en la vida
solamente para ti,
con todo mi corazón
y dedicaré mis días
para hacerte a ti feliz,
porque tú eres mi amor.

TU AMOR

Tu amor es primavera
floreciente y bella,
y es capullo de flor
que huele a dulzura;
es brisa mañanera
con alma pura y fresca,
que convierte el calor
en eterna frescura.

Es color de una rosa
que ya no tiene espina,
y es luz radiante y bella
que brilla en la mañana:
tu amor es esa poza
que mana agua de vida
y es agua que refresca,
todo el cuerpo y el alma.

Tu amor es el milagro,
que me obsequia la vida
y me hace vivir siempre,
pensando en el futuro:
es el toque sagrado,
que me da la sonrisa
y me hace abrir la mente,
para amar más al mundo.

EL POBRE Y SU SUERTE

Caen las lluvias de mayo
sobre la tierra caliente
y se oyen cantar los gallos
donde el viejo Don Vicente.

Camina el pobre descalzo
porque zapatos, no tiene
y de paso va pensando
en su madre que se muere.

El trabajo se hace poco
por los fuertes aguaceros
y el pobre se encuentra solo,
sin trabajo y sin dinero.

El le ruega a Dios que escampe
aunque sea por unos días,
para así poder ganarse
con que comprar medicina.

Caen las lluvias de mayo
sobre la tierra caliente
y el pobre sigue esperando,
a que un día cambie su suerte.

TU ERES TODO

Tú eres el amor hecho poesía
y eres el amor convertido en poema;
y pareces la luz de un bello día,
de la más hermosa primavera.

Tú eres luz de amor, radiante y bella,
que ilumina mi vida a cada instante
y por ti bajaría hasta una estrella,
si pudiera yo un día, en tus ojos mirarme.

Eres esa pasión que siempre se desea,
para alegrar las noches solitarias
y eres esa brisa mañanera
que puede alegrarme el alma.

Tú eres lo mejor que he conocido.
tú eres el dilema de la vida mía
y hoy yo he comprendido que contigo,
mi vida es un poema hecho poesía.

VOLVI A NACER

Creo que volví a nacer
el día en que te conocí.

O quizás no vivía.

Creo que empecé a vivir
cuando te vi.

O quizás no sentía.

Y creo que aprendí a sentir,
cuando tus miradas descubrí.

O quizás no vivía;

creo que yo nací
el día en que te conocí.

PENSAMIENTOS

Vives para recibir,
vives también para dar;
pero no te olvides de vivir,
para sonreír, y para amar.

Por ser mujer,
tú eres flor;
eres reina del placer
y princesa del amor.

En una noche...
Una sonrisa de amiga,
un bello cuerpo de mujer;
unos besos, unas caricias
y un adiós, en un motel.

LEER...
Porque siempre es bueno aprender,
porque es bueno saber, para mejor vivir;
todos debemos leer
y a veces también, escribir.

GRACIAS:

A Dios; que me creó, pues sin él nada es posible. Con él, es posible la vida y todas las cosas que hacemos con ella. Gracias a él, estoy aquí y gracias a su eterno amor, hoy escribo para ti.

A mis padres; por haberme dado la vida, por criarme rodeado siempre de mucho amor y por haberme enseñado los valores humanos y el respeto a los demás y sus ideales. Por guiarme por el camino del bien y por inculcarme la fe y el temor de Dios.

A mi prima Lucia Delgado Luna (Luchy) y Ana Mercedes Abreu de Lazala (Mecho) por su valiosa cooperación en la formación de éste libro; puesto que sin su ayuda y apoyo, creo no hubiera sido posible lograr este sueño.

BIOGRAFIA:

Manuel Darío, nació en Cabirmota, La Vega, República Dominicana, el seis de Enero del año 1958; hijo legítimo de Saturnino Delgado y Yolanda García. Cursó estudios básicos en la Escuela Primaria e Intermedia Burende, en su ciudad natal y viajó a los Estados Unidos de América a la edad de 19 años. Después de estudiar en varias escuelas locales para aprender inglés, ingresó en la universidad de La Guardia (La Guardia Community College) en 1985. Desde niño le gustó la poesía, escribiendo pensamientos y versos en sus libretas escolares y escribió su primer poema titulado "Cuando tú no estas" en el 1979. Aunque cuenta con una gran colección de poemas, pensamientos y versos, solo ha publicado algunos en periódicos y en revistas en la ciudad de Nueva York. Su preferencia son los versos y poemas rítmicos. Su escritor favorito es Federico García Lorca.